La "Petite Vie"

*de Jean M****

(1907-1925)

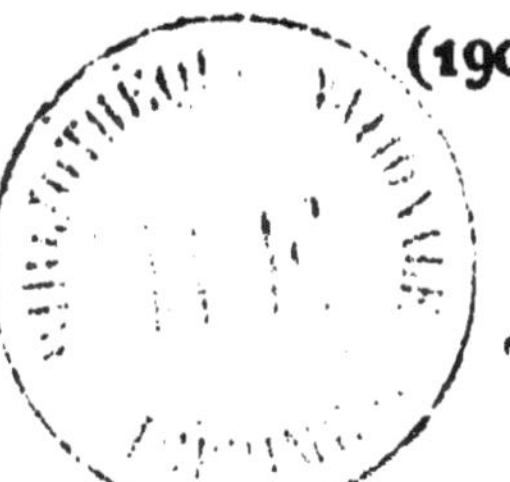

« Il faut que je monte au Calvaire avec Notre-Seigneur. »

LIBRAIRIE VICTOR LEMIALE

1 rue Descartes & rue des Halles

TOURS

La “Petite Vie”

*de Jean M****

ABBÉ H. MÉCHINE

La "Petite Vie" de Jean M***

(1907-1925)

« Il faut que je monte au Calvaire avec Notre-Seigneur. »

LIBRAIRIE VICTOR LEMIALE
1, rue Descartes & rue des Halles
TOURS

PETIT SÉMINAIRE
de Tours

le 2 *Février* 1926.

Cher Monsieur l'Abbé,

Il vous en a trop coûté, à vous comme à tous ceux qui l'ont connu, de voir disparaître l'enfant dont vous racontez la courte existence, pour supporter que l'oubli vînt couvrir sa mémoire.

Non, il ne fallait pas que les sentiments élevés et les aspirations généreuses que, tout jeune, il avait déjà au cœur, restassent le secret de sa seule famille et des personnes qui l'ont approché.

Il faut que le public catholique le sache : dans nos œuvres de jeunesse, parmi ces adolescents qui les fréquentent, il se rencontre de ces âmes privilégiées, âmes d'élite, honneur et espoir du patronage qui les forme. En voici une, vraie fleur de distinction morale qui a grandi parmi nous. Si elle n'a pu s'épanouir sur la terre, enlevée trop tôt par le souffle mortel qui l'a flétrie, elle a du moins embaumé de son parfum ceux qui l'ont approchée. Vous êtes du nombre et, pensant que ce serait faire œuvre salutaire pour les autres enfants que de leur révéler la piété et la vertu d'un des leurs, vous avez écrit ce simple récit.

Ce jeune disparu voulait être, devenu grand, un apôtre. Il le fut un peu, dans sa courte existence : ces quelques pages lui permettront de l'être après sa mort. Nous souhaitons qu'elles fassent du bien à notre jeunesse chrétienne, si sensible aux bons exemples. Aucune exhortation ne sera plus efficace sur elle que la brève histoire de cet adolescent, qui a grandi parmi ses camarades, partageant leur travail, leurs jeux, et les exercices de piété auxquels on les habitue, et, sous ces dehors qui ne le distinguaient pas de l'ordinaire, portant en son cœur un surnaturel idéal qu'il est utile de faire entrevoir à tous, à ceux-là surtout qui ne semblent pas portés à le concevoir.

Une réflexion avant de terminer ces quelques lignes. On va donc voir la vie d'un enfant conquis par le surnaturel. Croit-on que si cet enfant n'avait pas fréquenté un patronage, que s'il n'eût été en contact constant avec le prêtre, il fût devenu tel qu'il se montra? Avec sa bonne nature, je le veux, il eût évité mainte occasion du mal; mais on ne persuadera à personne que sa vertu acquise, ses aspirations à l'apostolat, son amour pour Notre-Seigneur et, en un mot, l'essor de son âme vers la sainteté, fussent devenus des réalités, s'il n'eût été placé dans l'ambiance protectrice et n'eût de bonne heure respiré la salubre atmosphère morale de nos patronages.

Que cette vie soit donc un encouragement pour les prêtres qui les dirigent. Leur tâche, à la vérité, est rude : aussi auront-ils plus tard, pour tant de travaux, une magnifique récompense. Parfois Dieu daigne leur en donner comme un avant-goût lorsque, sous leurs yeux, part visiblement pour le ciel un de ces enfants bénis que cultive leur zèle. N'est-ce pas ce que vous pensez, vous tous qui avez connu celui-ci? N'est-ce pas, à coup sûr, cher monsieur l'Abbé, votre intime conviction, que volontiers je partage moi-même après avoir lu votre opuscule, si bien fait pour donner du cœur à tous ceux qui cultivent les jeunes âmes pour l'amour du Christ.

P. Gounin,
Vic. Gén.,
Supérieur.

Imprimatur :

Turonibus, die 19 Februarii 1926.

✝ ALBERTUS
Archiepisc. Turon.

Celui dont les lignes qui suivent veulent esquisser la physionomie a trop peu vécu pour faire tout le bien qu'il désirait...

Vivant, on l'eût amusé en lui disant qu'un jour « on écrirait sa vie ».

Mais aujourd'hui, dans la Lumière, il voit et il comprend... Il sait ce que, la grâce aidant, son exemple peut faire.

Cette notice n'a qu'un but : lui procurer, dans l'éternité, une augmentation de bonheur et aussi de gloire, en lui permettant d'être encore ici-bas l'ange qui édifie et, le cas échéant, l'apôtre qui convertit.

La "Petite Vie"

*de Jean M****

Depuis quelques jours les bourgeons, sous l'action de la sève, éclataient, égayant les horizons : la pousse des feuilles était commencée...

Tandis que, affairé dans les ramures, le printemps tachetait de vert les coteaux de la Loire, un jeune homme, presque encore un enfant, recevait de ses parents le suprême baiser et, dans un sourire, rendait son âme à Dieu.

C'était le Vendredi saint de l'année 1925, vers 11 heures du soir.

Bien qu'il n'eût pas 18 ans, ce jeune homme était prêt, et c'est sans trouble qu'il accueillit la mort, dont il ne craignait pas de parler. Trois semaines auparavant, il avait dit à son père et à sa mère : « Je suis bien malade... Il vaut mieux vous le dire pour vous éviter une surprise : avant quinze jours, vous m'aurez porté en terre... » Et, un peu plus tard, voulant d'avance les consoler, il ajoutait : « Si un accident m'était arrivé dans la rue et qu'on m'eût rapporté mort, il vous aurait bien fallu accepter... Eh bien! serrez-vous l'un contre l'autre.... unissez vos deux courages et... oubliez-moi... »

Pauvre cher enfant!... L'oublier!... Il ne se doutait pas qu'il broyait le cœur de ceux dont il cherchait à adoucir la peine et qui, comme il arrive souvent, comprenaient mieux, au moment de le perdre, le prix du trésor que Dieu leur avait confié.

« Mon fils était un saint, » dira un jour son père. Et l'idée ne viendra à personne de protester contre cette affirmation. Ses camarades eux-mêmes reconnaîtront, non sans émotion, combien il leur apparaissait supérieur, et l'un d'eux ne fera qu'interpréter la pensée commune en affirmant : « Bien sûr, Jean n'a quitté la terre que pour aller au ciel tout droit! »

*
* *

A vrai dire, Jean M... vécut sa courte vie bien ignoré du monde. Mis à part son entourage habituel, ses parents qui étaient fiers de lui, ses amis de l'école et du patronage qui l'aimaient particulièrement, et quelques intimes qui, l'appréciant à sa valeur, en jouissaient davantage, il demeura pour la foule un enfant comme les autres, qu'on coudoie un instant en l'effleurant du regard et qu'on oublie aussitôt. Il ne connut jamais d'autres succès que ceux du catéchisme ou de la classe. L'occasion ne lui fut pas donnée de se signaler au public.

Pourtant cet enfant sortait de l'ordinaire, et parmi ceux qui l'ont vraiment connu il est peu probable qu'aucun l'oublie jamais...

*
* *

Grand, la démarche légère, il arrivait, l'air toujours heureux et aussi réservé. Rien de gauche dans son maintien. On l'eût dit timide, et on était surpris de constater sa simplicité et l'aisance de sa conversation. Où qu'il eût à se présenter, il le faisait sans hésiter et, dès l'abord, on avait l'impression de converser, non avec un enfant, mais avec un homme. Ses grands yeux, débordants de vie, vous fixaient sans effronterie, mais sans gêne, ne se baissant, ne se détournant jamais : on voyait son âme au fond, comme au fond des grands lacs on voit l'azur des cieux.

Intelligent et sérieux, très doué pour les sciences, aucun sujet ne le laissait indifférent. Il avait besoin de savoir et de se rendre compte, quelle que fût la difficulté, y eût-il même une imprudence à commettre... Ne lui était-il pas arrivé, n'ayant pas encore l'âge de raison, de tromper toute surveillance et de se glisser à quatre pattes sous la motrice d'un tramway arrêté devant chez lui!... Il pouvait être écrasé sans l'intervention d'une voyageuse qui, descendant à cet endroit et voyant les deux petites jambes qui dépassaient, cria au wattman : « Ne partez pas, monsieur!... Il y a un enfant sous la voiture!... » On devine les observations qui furent adressées au bambin quand on lui eût fait quitter sa position dangereuse... Mais, tout à son idée, il n'en fut pas ému, et c'est le plus naturellement du monde qu'il répondit : « Moi, vous comprenez, je voulais voir comment que ça fonctionne!... » Et même, n'ayant sans doute pas bien vu la première fois « comment que ça fonctionne », il lui arriva de recommencer dès qu'il le put.

Pourtant il avait ses préférences, et il ne dissimulait pas sa joie quand l'occasion se présentait de parler de la T. S. F. Là, il était à son affaire. Ayant construit lui-même deux postes qu'il perfectionnait sans cesse, il se tenait au courant, et c'est avec une aisance surprenante qu'il évoluait dans ce domaine... Quelques jours avant sa mort, il suppliera encore qu'on lui apporte les revues les plus techniques.

Sans l'ombre de pédantisme, il disait volontiers ce qu'il savait, surtout s'il s'agissait de rendre service; mais l'idée qu'il pourrait faire étalage de ses aptitudes et de sa science ne lui vint sans doute jamais. On pouvait le mettre sur un autre sujet : sans se faire prier, il donnait aussitôt l'illusion de ne plus penser à celui qu'il préférait.

On avait d'ailleurs l'impression très nette que Jean cherchait toujours à faire plaisir, se préoccupant plus de son interlocuteur que de lui-même. C'était à ce point, — on peut l'affirmer au risque de provoquer l'étonnement ou l'incrédulité, — que quiconque l'avait un peu pratiqué devait se dire, cédant à l'évidence : « Cet enfant n'a pas de défauts!... »

Il en avait eu.

Confié jusqu'à l'âge de cinq ans à une bonne grand'mère qui, comme font toutes les grand'-mères, « gâta » un peu son petit-fils, il eut besoin de quelque réforme quand il réintégra le foyer familial.

Ceux qui ne l'ont connu que par la suite, aimable, prévenant, distingué, ont peine à croire combien il était alors impoli et désagréable. A trois ans, il se dressait devant son père venu le voir à la campagne et lui déclarait tout net : « D'abord, toi, t'es pas chez toi ici... J'suis chez mémère, moi!... » Pour ce

motif et... quelques autres. Jean trouva dans ses bottines, le matin de Noël de cette année,... un martinet. Sa surprise fut grande, mais il ne dit rien : faisant la lippe et se grattant l'oreille, il se contenta de pirouetter deux ou trois fois devant l'objet détesté.

C'était, au reste, un joli bébé aux réflexions parfois drôles, aux réparties charmantes et naïves, et on se fût aisément laissé prendre à ces dehors avantageux. Mais une photographie prise vers cette époque le montre aussi petit homme très décidé et... pas commode. Il était temps de signaler à ce petit homme ses défauts naissants.

Ce fut une tâche à la fois facile et agréable, car il était droit et loyal. Le jour où, l'enseignement et l'autorité familiale aidant, il sut l'effort à accomplir, il se mit à l'œuvre généreusement et la tranformation fut rapide.

Il ne fut plus jamais question du martinet... Mais, au contraire, Jean eut bien vite la permission de faire lui-même sa « commande » aux approches de Noël, chaque fois si désiré. Ce n'était pas une petite affaire!... Ne voulant pas n'importe quoi, il y pensait longtemps à l'avance, prévoyant tout dans les moindres détails,... en perdant l'appétit les derniers jours...

Aussi quelle émotion il éprouva l'année où

il lui arriva de commettre une erreur qu'il crut tout d'abord irréparable !...

Il s'était fait conduire à l'église, bien près du tabernacle. Et là, les mains enfoncées dans ses boucles blondes, avec un sérieux imperturbable, il avait, dans une fervente prière, exprimé son désir. Puis, bien tranquille sur le résultat, après une génuflexion sagement faite, il était sorti et maintenant on revenait à la maison.

Mais voilà que soudain l'enfant s'arrête et, la désolation sur la figure, dit à ses parents : « Croyez-vous que j'ai du malheur !... J'allais pour demander au Petit Jésus une lampe à arc pour mon chemin de fer... et je me suis trompé : j'ai demandé un bec de gaz... Retournons vite !... »

On ne retourna pas et tout s'arrangea, car Jean devenait docile et confiant, et il fut aisé de lui faire comprendre que le Petit Jésus, sachant les pensées et les désirs de chacun, réparerait de lui-même l'erreur et apporterait, non pas un bec de gaz, mais une lampe électrique...

Une telle émotion pour un motif en apparence si futile ne surprendra pas si l'on observe que Jean, laissant de côté les jeux ordinaires de son âge, s'intéressait surtout à la mécanique et à l'électricité, accumulant sans cesse les combinaisons, construisant tous les jours quelque chose de nouveau, réparant aujourd'hui un moteur et demain montrant à ses parents une nouvelle « création » : un radiateur pour chambre de poupée !...

Un jour, — il n'avait alors que six ans et demi, — son père le trouve grimpé sur un escabeau, semblant s'intéresser prodigieusement à une sonnerie de la salle à manger, et lui dit : « Mon petit Jean, que fais-tu là?... Tu vois bien que tu me gênes quand je passe... Descends vite!...

— Oh! papa, répond l'enfant suppliant, c'est pour voir si ça marche... »

On n'en reparla plus de la journée. Mais comme, le soir au dîner, le timbre n'était pas sur la table et qu'on s'en étonnait :

« C'est inutile, dit l'enfant d'un air entendu. Regardez cette lampe qui est à côté de moi : quand elle s'allumera, ça sonnera à la cuisine... »

Et, joignant l'action à la parole, il réunit un vulgaire petit crochet de cuivre et une agrafe trouvés dans quelque boite à ouvrage et présente sa dernière « invention », répétant tout joyeux : « Vous voyez, ça s'allume et ça sonne!... »

Il avait, profitant d'une absence de ses parents, passé son après-midi à démonter la sonnerie, à détourner les fils vers la table et à organiser sa surprise...

Dire qu'il fut uniquement complimenté de son travail serait trahir la vérité... Mais on n'insista pas, car, au fond, on admirait cette précocité, et puis, mis à part quelques exploits de ce genre, on n'avait déjà plus rien de grave à reprocher à l'enfant, qui devenait chaque jour plus sage.

Cette sagesse s'accentua et devint définitive le jour où Jean, un catéchisme en main, eut à fréquenter régulièrement l'église et à préparer sa première communion. On peut dire qu'il alla à Dieu sans effort et sans surprise, comme on vient à quelqu'un déjà connu et déjà aimé. Tout de suite il se classa premier dans l'étude et dans la pratique du catéchisme. A dater de ce moment, il fut ce qu'il devait être toujours : agréable à Dieu et agréable aux hommes.

Naturellement, il fut vite remarqué du clergé de la paroisse.

Comme il était enfant de chœur, on pouvait, chaque dimanche, observer son angélique piété. Son livre toujours en main, — le beau et cher livre de sa communion solennelle, — il suivait attentivement tous les offices, ne se laissant jamais distraire, ne s'interrompant que pour remplir les fonctions dont il était chargé.

Aussi arriva-t-il que son nom revint parfois, le soir, dans les conversations du presbytère.

On n'eût pas été surpris, dès lors, de le voir s'orienter vers le sacerdoce. On le fut presque quand on apprit que, ayant obtenu son certificat primaire, il se disposait à continuer ses études dans le but de se faire une situation dans le monde. Mais personne ne douta de la parfaite loyauté de l'enfant : s'il ne parlait pas du séminaire, c'était assurément parce qu'il n'avait pas entendu l'appel.

Au reste, la préoccupation de servir Dieu et de sauver son âme demeura toujours chez lui au premier plan, et on l'eût bien étonné en lui demandant s'il allait persévérer.

Pourtant, il arrivait à l'âge critique et souvent décisif où tant de pauvres enfants, attirés par le plaisir, se débarrassent, sous le fallacieux prétexte d'insurmontables objections, du joug des pratiques religieuses, pour se ranger sous un autre, au premier abord, plus attrayant. Il était bon de l'avertir.

Un jour donc il est appelé chez l'abbé qui, chargé des garçons, s'occupait alors de lui. Et une grave conversation s'engage entre le prêtre et l'enfant. Sans manifester le moindre étonnement, Jean écoute et interroge tour à tour. Il reconnaît aisément que, parmi ses aînés, beaucoup ont déserté l'église, que le danger existe pour tous et qu'il faut y parer. Et c'est sans hésiter qu'il accepte les deux résolutions qui lui sont proposées : il se confessera et communiera toutes les semaines ; toutes les semaines aussi, il viendra, suivi de quelques camarades, entretenir et développer son instruction religieuse dans une réunion intime qui deviendra vite un véritable catéchisme de persévérance.

Sous de frêles apparences, Jean cachait une volonté de fer qu'un étranger n'eût pas soupçonnée, mais qu'on connaissait autour de lui, car elle s'était, une fois ou l'autre, manifestée dans l'intimité. Tout jeune encore, il en avait donné une preuve telle, que le doute n'était pas possible : il avait reçu une légère correction et des larmes, qu'il ne pouvait retenir, inondaient son visage... Combien d'enfants fussent allés dévorer leur chagrin dans quelque coin !... Lui resta là, protestant malgré ses larmes : « Vous croyez peut-être que je vais pleurer?... Eh bien, non!... je ne pleurerai pas!... » Et, se forçant à rire quand même, il conclut triomphant : « Vous voyez bien que je ne pleure pas!... »

Cette volonté servit à Jean pour tenir les deux résolutions que nous avons dites. Il les tint jusqu'à ce qu'il en fût empêché par la maladie, et il n'est sans doute, pas exagéré d'affirmer qu'il n'y manqua jamais par sa faute.

et sa crainte demeura entière. Un jour enfin, ennuyé de cette inquiétude persistante, son père lui dit : « Va donc trouver M. l'abbé... Je pense que lui au moins te rassurera... » Jean ne se le fit pas dire deux fois et, quelques instants après, il reparut, souriant, débarrassé de son cauchemar. M. l'abbé l'avait dit : il n'y avait aucun motif d'avoir peur.

M. l'abbé savait cette absolue confiance et parfois, lui aussi, avait peur,... peur de ne pas répondre suffisamment à l'attente de l'enfant,... peur de ne pas s'adapter à la délicatesse de son âme.

Cette impression, d'autres prêtres l'éprouvèrent.

En 1920, une mission fut donnée, par trois religieux, à l'église paroissiale. C'était un an après la seconde communion solennelle de Jean.

Or il arriva que le supérieur, homme remarquable non seulement par sa valeur et son zèle, mais encore par son expérience, eut à s'entretenir avec lui. Et, bien qu'habitué à trouver sur son chemin toutes sortes d'âmes, même les plus saintes, il fut étonné de la rencontre et ne l'oublia pas. Lui aussi avait subi le charme, et quelques jours après, dans une réunion intime, il affirmera avec conviction : « Monsieur le curé, vous avez un ange sur votre paroisse! »

Ce témoignage d'un connaisseur, Jean l'ignorera toujours, et lorsque, cinq ans plus tard, il verra ce même Père, au milieu des travaux d'une nouvelle mission, accourir à son chevet de mourant pour lui donner une dernière bénédiction, il ne cherchera pas d'autre raison de cette démarche que la bonté du missionnaire : il ne soupçonnera pas l'avoir, un jour, par une conversation de quelques minutes, profondément ému et édifié...

* * *

Tant est grande la puissance de l'exemple, que, même sans le chercher, Jean faisait autour de lui beaucoup de bien. Sa seule présence était une sorte de prédication tant il rayonnait de pureté, de bonté et de paix...

Mais cet apostolat tout négatif ne lui suffisait pas. D'ailleurs très simple, donc très humble, incapable de retour sur lui-même, il devait être le seul à ne pas savoir son influence. L'eût-il sue, qu'il s'en fût réjoui grandement et eût encore cherché à faire le bien d'autre manière.

Faire le bien ! être bon pour tous !... Il semble qu'il n'était sur la terre que pour cela. « Que de fois, dit son père, il intervenait lorsque j'avais une difficulté avec quelqu'un, cherchant à tout concilier, tâchant d'écarter les solutions extrêmes, plaignant l'un, excusant l'autre... »

Il ne pouvait voir souffrir, et le récit d'une infortune lui arrachait des larmes.

Quand « l'histoire » qui terminait ordinairement le « Groupe » était un peu plus touchante, comme par exemple le délicieux *Parvuli* du R. P. Bessières, on était sûr du résultat : Jean se mettait à pleurer. D'un autre, on se fût volontiers moqué un peu. De lui on ne riait pas, tant ses larmes étaient naturelles.

Une telle disposition à la bonté devait, en se conjuguant avec le grand esprit de foi dont bien vite l'enfant fut animé, l'orienter vers l'apostolat. C'est ce qui arriva.

Jean était encore bien éloigné de songer au sacerdoce, et déjà son âme se révélait pour ainsi dire sacerdotale. Il avait le sens des droits de Dieu et l'inquiétude du danger que courent tant d'âmes. Pour en sauver une, on se demande s'il eût refusé quelque chose...

Il n'était pas de ces enfants que le respect humain empêche de jamais placer un mot religieux dans la conversation courante : en pleine récréation, en plein boulevard, il vous parlait, si l'occasion se présentait, de l'amour de Notre-Seigneur, ou de l'éternité, avec autant de simplicité qu'il vous eût parlé de sa chère T. S. F. Et, âme candide, il ne pensait pas qu'on pût s'en étonner...

Rien ne l'arrêtait. Ce qu'il croyait devoir dire,

il le disait, et avec quelle ardeur parfois!... Le missionnaire le plus zélé ne l'eût pas désavoué le jour où, s'adressant à un interlocuteur surpris, il lui cria d'un ton angoissé : « Mais enfin, vous voulez donc aller en enfer?... »

Lui, se préparait tous les jours pour le ciel. Mais il ne voulait pas y aller seul; il y voulait entraîner ses parents, ses amis et, s'il l'eût pu, le monde entier.

Ses parents, comme il les respectait! comme il les aimait! A dix-sept ans, il terminait encore les lettres qu'il leur adressait par l'invariable formule qu'il affectionnait : « Votre petit garçon qui vous aime bien. » Et comme ces sentiments étaient en lui surnaturels!

Sachant bien qu'au point de vue matériel il était incapable de rendre à son père et à sa mère ce qu'il avait reçu d'eux, Jean se dédommageait en se plaçant sur un autre terrain : il pensait au salut éternel de ces deux âmes chères entre toutes et, pour assurer ce salut, il priait. A l'occasion, il faisait plus : discrètement, gentiment, il savait rendre acceptable un mot, voire même un conseil... Dans toute la mesure où il le put, il fut l'apôtre de ses parents.

Il le fut aussi de ses camarades. Alors que, ayant fait ses deux communions solennelles, il n'était plus assujetti au catéchisme du jeudi, il s'arrangeait de manière à y venir encore. Il y restait au moins une heure, « l'heure de l'étude. » Assis dans quelque coin de la salle, au milieu de « nouveaux » ou de retardataires que lui confiait M. l'abbé, il se faisait, avec douceur et patience, catéchiste volontaire.

Son action allait plus loin et sa coopération était acquise d'avance à toute œuvre d'apostolat même difficile.

Un jour, — il n'avait alors que treize ans, — M. l'abbé lui signale un camarade dont il faut faire la conquête. Tout de suite Jean mesure la difficulté. Mais, plein de foi, il se met à l'œuvre sans hésiter, sachant bien que, Dieu aidant, il sera victorieux.

Pourtant la lutte fut chaude et, certain jeudi matin, le cher enfant, rendant compte de ses premières démarches, n'osait promettre un succès immédiat...

« Cependant, insiste M. l'abbé, il me faut ton camarade,... et il me le faut demain... A quelle heure quittez-vous l'école ?

— A 11 heures.

— C'est bien. Demain, à 11 heures $^1/_4$, j'attendrai un coup de sonnette. Jean, c'est entendu ?...

— Oui, monsieur l'abbé. »

Le lendemain, à l'heure dite, la sonnette annonçait le retour de l'enfant prodigue.

Comment Jean avait-il pu tenir parole ? Com-

ment s'y était-il pris?... Il ne sut ou ne voulut jamais bien le dire ; mais son camarade, justement reconnaissant, s'est fait un devoir de suppléer à cette discrétion et voici son récit :

« Ma seconde communion faite, je cessai bientôt toute pratique religieuse. A plusieurs reprises, Jean m'en fit la remarque. Mais, parti comme je l'étais, je ne tenais aucun compte de ses observations et, plus d'une fois, il m'arriva de le renvoyer rudement. Cependant, il ne se décourageait pas, et, courant le risque de nouvelles rebuffades, revenait à la charge, se faisant, je crois, chaque jour plus pressant.

« Enfin, un vendredi matin, vers 8 heures, comme nous devisions gaiement, en attendant l'ouverture de la classe, il s'arrêta subitement et, plongeant ses yeux dans les miens, me dit d'un ton résolu : « Tu sais, c'est aujourd'hui que tu dois aller trouver M. l'abbé. Il veut absolument te voir. »

« Je lui répondis : « Non ! Pour rien au monde « je ne mettrai les pieds chez lui ! »

« A ce moment, la cloche sonna et chacun partit de son côté.

« A la récréation de 10 heures, j'avais oublié l'incident : lui, suivait son idée. A peine avais-je commencé à jouer, que, de nouveau, il se trouva près de moi, humble et suppliant : « Viens chez M. l'abbé à 11 heures. »

« Brutalement, je lui redis un « non » exaspéré.

« Il insista : « Oh ! vas-y... Si tu savais com-
« bien tu me feras plaisir... M. l'abbé ne te
« mangera pas... Bien sûr il ne va pas te faire
« que des compliments ; mais, crois-moi, tu
« seras bien content tout de même quand tu
« l'auras vu... »

« Il y mit une telle chaleur, que je dus me rendre...

« A la sortie de l'école, il m'attendit pour m'accompagner jusqu'à la porte du prêtre. Là, il me quitta, m'encourageant par un sourire dont aujourd'hui encore je garde le souvenir...

« Comme il me l'avait dit et comme je le pressentais moi-même malgré mes appréhensions et mes protestations intéressées, l'entrevue fut cordiale, et je sortis de chez M. l'abbé très heureux.

« Cependant, si grand que fût mon bonheur, je me demande si celui de Jean ne le fut pas plus lorsque, l'après-midi, l'informant du résultat de ma démarche, je lui appris que je faisais désormais partie du patronage.

« Je dois beaucoup à Jean... Je lui dois tout... Sans lui, où en serais-je?... »

*
* *

Jean fut apôtre. Il le fut toujours, partout et comme naturellement.

Cette heureuse disposition se développant de jour en jour et s'ajoutant à tant d'autres paraissait un indice nouveau de vocation sacerdotale... Mais la sagesse humaine n'est pas celle de Dieu : il n'appelle que ceux qu'il veut et, quand il les appelle, c'est à son heure.

Jean devait passer par la souffrance et la maladie et arriver aux portes de la mort avant de dire : « Je serai prêtre. » Et lorsqu'il prononcera cette parole, elle apparaîtra humainement irréalisable...

Détailler l'histoire de ses longs mois de maladie serait superflu.

Qui ne l'a rencontré le pauvre jeune poitrinaire qui chaque jour meurt un peu, tout en faisant des projets pour « le jour où il ira mieux ».

Comme les autres, Jean fut longtemps à ne pas savoir la gravité de son état. Malgré qu'il fût perspicace, il était jeune et, trop heureux de s'accrocher à l'espoir, il accepta tant qu'il put les explications favorables que l'amour de ses parents et de nombreuses amitiés s'ingéniaient à lui suggérer... Comme les autres, il compta sur l'avenir et en vint aisément à ajouter foi aux bonnes paroles de son entourage : « Quand son estomac irait mieux... quand sa croissance serait terminée... Bientôt... il reprendrait ses études,... il reviendrait au patronage... »

Hélas! aucun de ces projets ne devait se réaliser : Jean avait fermé ses livres pour toujours et c'est un adieu qu'il avait dit à son cher patronage. Sans doute il devait y reparaître encore quelquefois, mais en passant, car, soigné à la campagne, il ne revenait en ville que rarement, quand le temps était beau et pour quelques heures seulement.

Les autres jours, c'était la solitude,... la chaise longue,... l'inaction obligatoire, particulièrement dure pour une nature active...

Aussi, avec quelle joie il accueillit la décision prise un jour en sa faveur au patronage : chacun de ses amis s'engageait à lui écrire à tour de rôle. Très sensible à cette marque spéciale d'affection et d'intérêt, Jean répondit, chaque semaine, à ces lettres qui lui parlaient de tout ce qu'il aimait, et, bien entendu, ses réponses étaient lues au « Groupe d'études » suivant.

Mais bientôt il n'eut plus même cette consolation : son état s'aggravait et on dut l'envoyer à Arcachon. C'était la dernière espérance humaine de ses parents et de ses amis...

Espérance qui ne dura pas... De là-bas, sans

doute, Jean eut à cœur de rassurer les siens par un « petit mot » quasi quotidien qui défendait de « se tourmenter ». Lui-même continua d'espérer... Il fallut bien se rendre à l'évidence : la maladie était trop avancée et tous les moyens humains étaient désormais impuissants. On dut, en plein hiver, ramener l'enfant chez lui.

Il était alors dans un tel état, que la mort apparut, sinon imminente, du moins bien rapprochée. Prévenu, M. l'abbé se rendit à son chevet. Étendu sur sa chaise qu'il ne quittait presque plus, le malade le reçut très calme et, comme de coutume, avec un bon sourire. On parla des progrès de la maladie, d'un projet de pèlerinage à Lourdes et de maints autres sujets chers à son cœur...

A la fin, M. l'abbé, désormais fixé sur la gravité de la situation et dans l'espoir de faire violence au ciel, crut pouvoir suggérer cette idée : « Mon cher enfant, puisque tu reconnais toi-même que tu es sérieusement malade et qu'il faut une grande grâce pour obtenir ta guérison, pourquoi ne ferais-tu pas au bon Dieu une promesse?... Je sais que, après avoir dû renoncer à une carrière scientifique qui t'attirait particulièrement, tu as songé au commerce... Mais aujourd'hui que tu vois la réalisation de tes projets s'éloigner de plus en plus, pourquoi ne pas promettre qu'en cas de guérison, tu consacreras ta vie à Dieu?... Pourquoi ne pas promettre d'être prêtre?... »

Jean avait écouté grave et silencieux : sa réponse fut simple : « Monsieur l'abbé, il y a quatre mois que j'ai fait cette promesse. Que je serais heureux d'avoir dès maintenant le consentement de mes parents!... »

Ce consentement, ses parents le lui accordèrent complet dès qu'ils furent avertis, et, à dater de ce jour, l'enfant reparla souvent du sacerdoce et de sa promesse.

Entre temps, avec le concours de plusieurs communautés religieuses, on multipliait les neuvaines à la sainte Vierge et à la « petite sœur Thérèse ».

Mais il fallait un miracle, et le miracle, par définition, n'est qu'une exception, et cette exception n'est due à personne...

Dieu désirait cet ange en son paradis... Au début du mois de mars 1925, l'état du malade empira soudain et, le docteur signalant le danger, on dut songer aux derniers sacrements. M. l'abbé, qu'on était allé chercher, n'eut pas de peine à préparer son petit malade : du moment qu'on lui parlait du bon Dieu et des choses surnaturelles, on était sûr de le trouver prêt.

Toutefois, sensible comme était cet enfant, il était à prévoir qu'il mêlerait ses larmes à celles de ses parents, qui, pendant sa confession, se désolaient dans une chambre voisine et que la peine de tous en serait augmentée.

« Mon cher petit, lui dit le prêtre, voici une occasion d'être courageux et de donner un grand exemple à ceux qui t'entourent... Veux-tu me promettre, pendant les cérémonies qui vont suivre, de ne pas pleurer?...

— Monsieur l'abbé, je vous le promets. »

Fidèle à sa parole, il reçut pieusement, mais sans émotion apparente, le saint Viatique et l'extrême-onction, récitant lui-même le *Confiteor* et répondant à toutes les prières latines. On avait l'impression qu'il était heureux de « faire enfant de chœur » une fois encore.

Il eut aussi le courage de faire le sacrifice de sa vie : « Si le bon Dieu me guérit, je serai prêtre ; s'il en décide autrement, que sa volonté soit faite!... » Et l'indulgence plénière termina cette cérémonie, qui avait paru vraiment se passer dans une antichambre du ciel.

* * *

Les prévisions humaines sont sujettes à l'erreur... Ainsi préparé pour l'éternité, Jean vécut encore un mois. Il en profita pour accroître ses mérites : toujours doux et patient, même dans les moments où la souffrance plus forte lui arrachait des cris, c'était un bonheur de le soigner et de le visiter... Il parlait à sa mère, qui s'était faite sa garde-malade de jour et de nuit, avec la candeur d'un tout petit enfant, constatant à l'occasion : « Oh! maman, que c'est bon d'avoir de bons parents qui vous soignent bien! » Quand son père arrivait vers la fin de la journée, il ne savait comment lui témoigner sa joie et lui faisait fête de mille manières; il le rassurait sur son état et, le lendemain matin, ne le laissait pas partir avant de l'avoir embrassé de tout cœur.

Plusieurs fois, durant ce mois, il fit la sainte communion, toujours avec la même joie, le même recueillement; il la fit encore, pour la dernière fois, le jeudi saint.

Ce matin-là, lorsque son père vint comme de coutume pour l'embrasser avant de partir à ses affaires, Jean l'attira à lui et lui fit cette demande : « Papa, veux-tu me faire un grand plaisir?... Eh bien! prends mon poste de T. S. F. (le plus grand) et porte-le à X[1]... pour qu'il le vende... Et quand tu auras la somme d'argent, donne-la aux Petits-Clercs de Saint-Martin. Ces enfants sont pauvres et se destinent à être prêtres : je serai heureux de les aider un peu... »

[1] Un camarade.

Pensée touchante de l'enfant, qui, pressentant sans doute que lui-même ne pourrait jamais atteindre le sacerdoce, voulait au moins, suivant ses moyens, en faciliter à d'autres l'accès...

A la veille de voir Dieu, il révélait ainsi à quelle hauteur son âme était parvenue... Si angoissantes que fussent alors ses souffrances, il s'en montrait moins inquiet que des intérêts de Dieu, du salut des âmes et de sa propre sanctification...

On en eut une preuve nouvelle le soir de ce même jour.

Sa mère, le voyant dans une crise particulièrement pénible, lui présentait une potion calmante qu'on avait employée déjà plusieurs fois avec succès. Or, à sa grande surprise, elle entendit son cher malade lui dire :

« Non, maman, je ne la prendrai pas.

— Mais, pourquoi?... Tu sais bien que ce remède te soulage...

— Maman, je t'en prie.... pas aujourd'hui...

— Voyons, cher petit, pourquoi pas aujourd'hui?... Tu souffres beaucoup en ce moment, tu ne peux rester dans cet état...

— Si, maman, car nous sommes à la fin de la Semaine sainte, qui nous rappelle la Passion : *il faut que je monte au Calvaire avec Notre-Seigneur...* »

Comprenant et respectant le sacrifice héroïque, la mère, courageuse elle-même, n'insista pas et remit la potion sur la table, tandis qu'en silence son enfant continua d'unir ses souffrances à celles du divin Martyr...

Au reste, il touchait au terme de l'épreuve et, du haut du ciel, les anges, ses frères, déjà lui tendaient les bras. La nuit qui commençait à couvrir la terre de son manteau devait être la dernière pour lui... Il ne devait plus connaître d'autres ténèbres... Pour lui, le jour qui allait se lever serait éternel...

S'en douta-t-il quand parut l'aube du vendredi saint?... Il semble que non. Bien qu'affaibli au point de ne plus pouvoir faire un mouvement, il conservait toute sa lucidité et, pas un instant, son courage ne l'abandonna. Comme il le dira un peu plus tard à M. l'abbé, « il avait confiance en la petite sœur Thérèse. »

Il fut donc ce jour-là ce qu'il avait toujours été, et les visiteurs qui venaient s'enquérir de son état le trouvèrent encore souriant...

Souriant, il le fut particulièrement pour accueillir ceux dont il eût tant voulu partager la vocation : les quarante Petits-Clercs de Saint-Martin, qui, ayant appris son geste généreux et affectueux de la veille, venaient le remercier et l'assurer de leurs prières.

Ils arrivèrent, portant des violettes cueillies au hasard d'une promenade à travers champs.

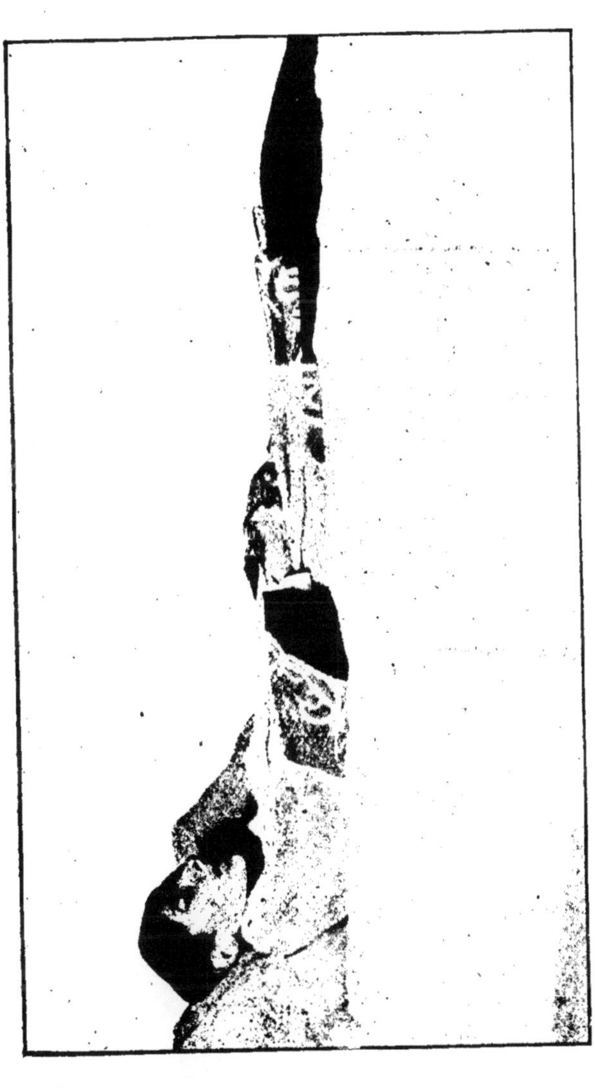

Témoignage modeste de gratitude, mais dont Jean fut profondément touché : regardant la corbeille remplie des petits bouquets, il ne put retenir cette plainte : « Dire que je ne vais pas pouvoir les remercier!... »

Il était à ce moment un peu après 3 heures et l'Église tout entière se recueillait en se rappelant la mort de l'Homme-Dieu. Invité, à cette heure pour lui doublement solennelle, à redire à Dieu son amour et sa contrition, le malade s'en montra tout heureux.

« Mais, lui objecta le prêtre, tu es trop fatigué pour réciter l'acte de contrition ; je le dirai pour toi...

— Oh ! non, Monsieur l'abbé... Je puis bien tout seul... »

Et lentement, ayant ramené sur sa poitrine ses mains décharnées, il commença, pesant ses paroles : « Mon Dieu,... j'ai un extrême regret... de vous avoir offensé... »

Et puis ce fut l'agonie... Ou plutôt il n'y eut pas, à proprement parler, d'agonie. Peu à peu la vie se retira des différentes parties du corps, se réfugiant au plus intime de l'être jusqu'à ne plus se manifester qu'à peine au dehors...

Auprès du lit, on veillait, épiant le moindre signe, souffrant de ne pouvoir rien faire, priant... Il en fut ainsi plusieurs heures très longues...

Et quand la mort parut toute proche, pieusement, le père et la mère se penchèrent sur la couche pour un dernier baiser et, dans un sanglot, rendirent à Dieu cet enfant bien-aimé qui, pour la première fois, faisait couler leurs larmes...

*
* *

Après la mort, le jugement... S'il est des morts qui font trembler, il en est d'autres, grâce à Dieu, qui autorisent toutes les espérances...

Doux, humble et pur, Notre-Seigneur, ici-bas, aimait ceux qui lui ressemblaient et, à cause de cela, ses faveurs particulières étaient pour les enfants : « Laissez venir à moi les petits enfants. »

Dans son rôle de Juge, bien sûr, il n'a pas changé... Chaque fois que, montant de la terre, parait devant lui un enfant doux, humble et pur, ses bras doivent s'ouvrir bien grands, un sourire ineffable doit ajouter encore à la splendeur et à l'attrait de son visage... Et à ce sourire, n'est-il pas permis de penser qu'un autre sourire répond,... celui de l'enfant étonné et ravi qui découvre Dieu et l'Eternité...

Rencontre de deux sourires,... fusion de deux cœurs,... telle dut être, en cette soirée du vendredi saint, l'arrivée de Jean M... à la porte du ciel... On peut le penser, quand on a vraiment connu cet enfant... Et de pouvoir, avec vraisemblance, nourrir un tel espoir, ses parents et ses intimes recueillent la meilleure, la seule consolation...

* * *

Mais le corps restait, réclamant qu'on s'en occupât chrétiennement. Avec délicatesse, les parents de Jean s'acquittèrent de cette tâche, cherchant avant tout à tenir compte de ses désirs.

Jean avait toujours été enfant de chœur et aimait sa soutane... De plus, il aspirait à être prêtre... De ces deux faits on conclut qu'un seul costume était désigné pour revêtir l'angélique dépouille : le costume ecclésiastique... Et c'est pourquoi, toute la nuit, dans cette chambre mortuaire, des ciseaux taillèrent sans relâche et une aiguille courut rapide sur une étoffe parfois bien rude à cause des larmes qui continuaient de tomber en silence...

Au matin, le doux et pénible travail était achevé... Revêtu du costume qu'il eût aimé le plus, — soutane noire et surplis taillé dans sa propre robe de baptême, — Jean fut exposé cinquante heures, continuant de faire du bien...

Puis vint la très dure cérémonie de la mise en bière... Les mains paternelles elles-mêmes avaient, avec art, garni l'intérieur du cercueil d'images pieuses et de quelques petites reliques préférées de l'enfant au cours de la maladie... Ces mêmes mains disposèrent tout à ce moment suprême, jonchant le petit corps de giroflées blanches... Et puis, les prières dites et l'eau bénite répandue, il fallut dire encore le *Fiat*, en acceptant de ne plus voir, jusqu'à la résurrection glorieuse, ce visage tant aimé...

*
* *

Jean repose maintenant au petit cimetière de..., où une foule considérable le conduisit au matin du lundi de Pâques.

Sa tombe est simple, comme il convient pour un enfant chrétien : une croix de marbre blanc et cette seule inscription :

JEAN M***

1907-1925

Mais, sur la croix, un lis est sculpté,... un

beau lis tout droit, bien fleuri... Et l'on eut raison d'écarter la fleur à peine éclose, ou fanée, ou brisée... Malgré le jeune âge de celui qui dort là son dernier sommeil, il fallait, pour être exact, symboliser le plein développement, presque la maturité ; il fallait le lis bien à point qui parfume et qui charme.

Devant ce lis, qu'abrite un tilleul argenté, il fait bon méditer parmi le bruissement des feuilles et le vrombissement des aéros partant de leur nid tout proche ou y revenant... Rien ne peut rompre le charme, ni ces bruits, ni la visite d'un rouge-gorge tombant d'en haut sur la croix voisine... L'attention est ailleurs... et le regard, quittant le lis de marbre, irrésistiblement veut suivre la pensée vers l'autre lis couché là, dans la terre...

Et il arrive que la méditation devient examen de conscience : *Quod iste... cur non ego?* Ce que fut cet enfant de dix-huit ans, le suis-je ?... Ce qu'il a fait, l'ai-je fait ?... Si non, pourquoi ?...

Il n'eut pas les années, il n'eut pas la santé, il eut moins que beaucoup d'autres... Et cependant il se sanctifia, on peut dire, jusqu'à l'héroïsme... il trouva le secret et le temps d'être apôtre...

. . . .

Et la visite se termine par une prière que les

lèvres ne savent pas dire, mais que distille le cœur...

Et, chaque fois, penché sur le rebord du paradis, un enfant, auréolé de gloire, redit avec bonheur :

Bienheureux les doux !

Bienheureux les humbles !

Bienheureux les purs !

41235. — TOURS, IMPR. MAME.

www.ingramcontent.com/pod-product-compliance
Ingram Content Group UK Ltd.
Pitfield, Milton Keynes, MK11 3LW, UK
UKHW021020180726
13838UKWH00004B/1586

9 782329 394169